Specification & declaration des especes de Monnoyes D'or & d'Argent que les Serenissimes Archiducqz noz Princes Souuerains entendent debuoir auoir cours es pays de leur obeyssance, encores qu'icelles par abus & inaduertence ayent esté obmises en leur Placcart des Monnoyes du dernier iour de Mars de cest an mil six cens & dixsept.

EN ANVERS,

Chez Hierosme Verdussen, imprimeur de la monnoye de leurs Altezes Serenissimes, noz souuerains Princes. 1617. *Auec Grace & Priuilege.*

Sommaire du Priuilege.

ALBERT & ISABELLA Clara Eugenia Infant d'Espaigne par la grace de Dieu Archiducqz d'Austrice, Ducqz de Bourgoingne, &c. A tous ceux qui ces presentes verront, salut. Receu auons l'humble supplication de nostre Cher & bien aimé Ierosme Verdussen, contenante, qu'il nous auroit pleu le dernier de Iuing de l'an mil six cent & sept, luy accorder noz lettres patentes de Priuilege, soubsignees par le *Comte*, & au Conseil de Brabant par *Buschere*, à la seclusion de tous aultres. A fin de pouuoir Imprimer toutes les affaires concernans noz monnoyes, auec deffence & Inhibition, à tous aultres Imprimeurs de ne les pouuoir contrefaire: & que non obstant icelles, aucuns Imprimeurs se sont aduancez de contrefaire lesdictes Eualuations & liures, dont se trouuant le suppliant souuent contrainct de pour ce soustenir diuers proces, (cause pour estre conuenablement remedié) s'est aduisé de prendre son recours vers nous. SCAVOIR FAISONS doncques que nous les choses susdictes considerees, inclinans fauorablement à la requeste & supplication dudict Ierosme Verdussen suppliant, luy auons octroyé & consenti, octroyons & consentons, en luy donnant congé & licence de grace especiale par ces presentes, qu'il puist & pourra seul, & à l'exclusion de tous aultres Imprimeurs, vendre & distribuer par tous noz pays de pardeça toutes noz causes & affaires concernans noz monnoyes, si comme eualuations, permissions, Placcartz, tollerations, liures ou liuretz, & chartes de noz deniers d'or & d'argent, aussi bien eualuez que non eualuez, auec leur poix, pris & valeur. Si auons Interdict & defendu, interdisons & defendons bien expressement, & à certes, à tous aultres Imprimeurs, tailleurs graueurs, & libraires de quelque qualité ou condition qu'ilz soyent ou pourroyēt estre, iceux liures ou liuretz, permissions, Placcarts, & tollerations, ensemble, tout ce que peult aussi toucher le faict desdictes monnoyes en tout ou en partie, d'ensuyure, contrefaire, ou imprimer, ou en quelque lieu estans ensuiuiz, contrefaictz ou imprimez, de vendre, faire, ou laisser vendre iceux en noz pays de pardeça, ny lesdictes Eualuations & specifications de nosdictes monnoyes, ayans presentement cours, ou qu'ilz pourront auoir, soit à plus hault, ou plus bas pris d'Imprimer ou inferer aux Almanacqz, ny aussi les Almanacqz estans ailleurs Imprimez contenans ladicte specification ou cours de l'argent, de faire, ou laisser vendre iceux en nosditz pays de pardeça sans le consentement dudict suppliant, soit en vertu de quelque priuilege, ou consentement particulier qu'ilz ont, ou pourroient auoir des Gouuerneurs, noz Consaulx prouinciaulx, Magistratz ou d'aultres quelz qu'ilz soyent, à paine de confiscation & perte desdictz exemplaires, & pardessus ce, de trois florins Carolus d'amende pour chacun exemplaire qu'ainsi sera esté imprimé ou vendu, Applicable vn tiers à nostre prouffict, vn tiers à l'Officier, & l'aultre tiers au prouffit dudict suppliant. Si donnons en mandement à noz Treschiers & feaulx les Chief President & Gens de noz Priué & grand Consaulx, Presidens & Gens de noz Consaulx Prouinciaux à Luxemburch, Flandres, Arthois & Namur, Grand Bailly de Haynnau, & gens de nostre Conseil à Mons, Gouuerneur de Lille, Douay & Orchies, Bailly de Tournay & Tournesis, Preuost le Comte à Valenciennes. Escoute de Malines & tous aultres noz Iusticiers, Officiers & subiectz qu'il apartiendra. Que de ceste nostre presente grace permission & accord, & de tout le contenu en cestes, ilz facent, souffrent, & laissent ledict suppliant plainement iouïr, & vser sans luy faire, mettre ou donner, n'y souffrir estre faict, mis ou donné aucun obstacle, destourbier ou empeschement au contraire: Car ainsi nous plaist il. En tesmoing de ce, nous auons faict mettre nostre seel à ces presentes donné en nostre ville de Bruxelles le deuziesme d'Octobre l'An de grace, M. DC. X.

Par les Archiducqz en leur Conseil.

Enghien.

Monnoye d'or.

Les Iacobus d'Angleterre, & Rydres forgez au mesme pied es Prouinces vnies, pesans viz. estrelins la piece, à x. florins. viij. pat.

Les demys à l'aduenant.

Le Rydre d'or de Gelre, x.flor.viij.pat.

De Rydre d'or d'Hollande, x.flor.viij.pat.

Les Ducatz forgez esdictes Prouinces vnies,aux lettres d'vn costé, pesans ij.estrelins,ix.aces la piece, iiij.flor.xviiiz.pat.

Les doubles à l'aduenant.

Les nouueaux Rydres de Gheldres & de Frize, pesans ij. estrelins, vij. aes la piece, à iij. florins, viij. pattars.

Monnoye d'argent.

Les Francqz de France, pesans ix.estrelins, iiij.aes, au remede de iiij. aes sur piece, à xxj.pat.

Les quartz d'escuz de France, pesans vj.estrelins, viij.aes, au remede de trois aes sur piece, à xvj.pat.

Les Testons de France, pesans vj.estrelins, iij.aes, au remede de iij.aes sur piece, à xv.pat.

Les pieces de Liege Ernestus, pesans ij. estrelins, xxx. aes, à v. pat.

Les demys à l'aduenant.

Les Daldres qu'on dict de l'Empire, & aultres forgez sur le mesme pied es Prouinces vnies, pesans xviij. estrelins, xxviij. aes, au remede de vj. aes sur piece, à ij. flor. viz. pat.

Les demys & les quartz à l'aduenant.

Daldres qu'on dict de l'Empire, ij.flor.viz.pat.

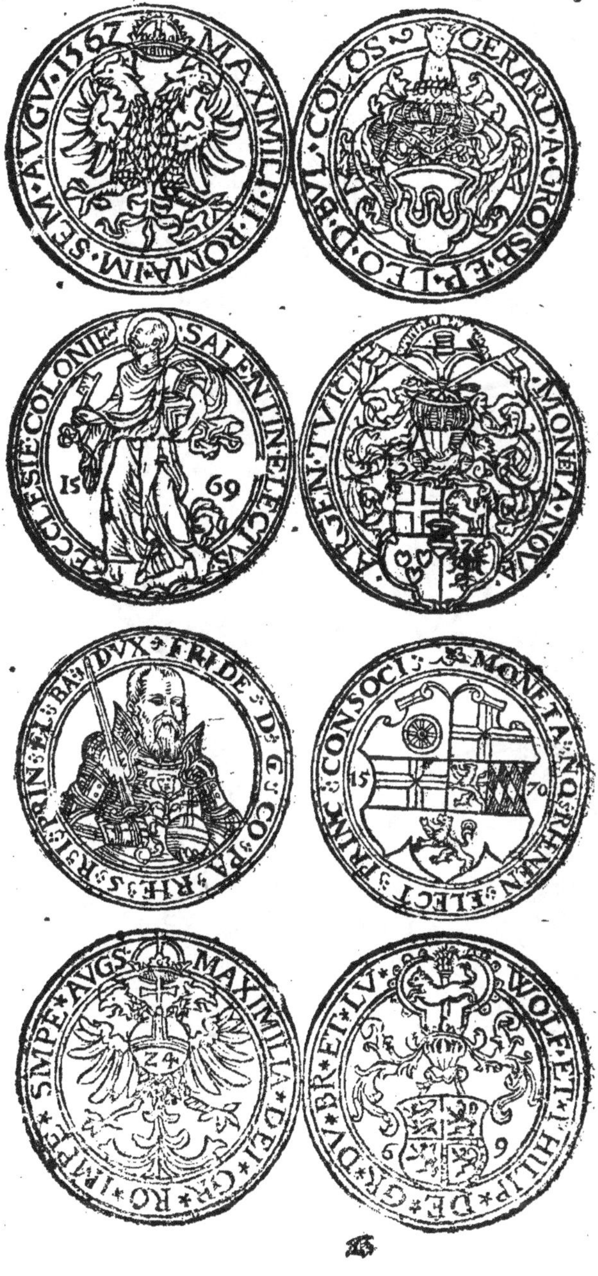

MO·REGIA·SEDIS·VRBIS·AQVISGRANI
15 70
MAXIMILI·ROMA·CA·SAR·SEMP·AVG
MONETA·NOVA·LVBECENS·1568
MAXIMILIAN·II·D·G·IMP·SE·AVGV
276
MAXIMILIA·II·IMP·AVG·P·F·DECRETO
MO·NO·A
COLON

Daldres de Gelre & autres, forgez tant esdictz Prouinces vnies, qu'alieurs, ij.flor.viz.pat.

Les Solz d'Angleterre, pesans iiij. estrelins, au remede de ij. aes, à x.pat.

Les demys à l'aducnant.

Les demys Reaulx d'Hollande, Zelande & Gheldres auec les flesches baz alloy, n'estans par trop visez, à iiz. p

Fait à Diest le vj de May 1617. Paraphé Ma: Vt soubzscript Albert, & plus bas, par ordonnance de leurs Altezes. Et signé, Verreyken.

www.ingramcontent.com/pod-product-compliance
Lightning Source LLC
LaVergne TN
LVHW050520160826
845677LV00004B/1238

* 9 7 8 2 3 2 9 6 1 8 5 0 0 *